邁向幸福人生的

六步魔法

作　　者・夏惠汶
繪　　者・一百隻熊

邁向幸福人生的
六步魔法

目錄

六步魔法，改變大腦運作的思考練習 ——

夏創辦人有著化腐朽為神奇的能力，把本來不被看好的開平餐飲學校辦的有聲有色，使學生搶著要進來，他獨特的作風更使他受到學生的愛戴。當然，最特別的是他以「關係動力學」為底蘊發展出的治校理念和教育學生的方法：為了達到親師生共學，這所學校是臺灣少數父母必須經過面試且來上過課之後，孩子才能進來就讀的學校之一。這本《邁向幸福人生的六步魔法》是夏創辦人繼《摸著石頭過河》、《翻鍋的滋味》等好書之後，又一本力著。

這本書主要在講關係，其實人生在世就是「關係」二個字，尤其在人工智慧 (AI) 的時代，關係更重要，美國 National Cash Register 的創辦人 S. Allyn 說：「現在世界上最有用的人是那些懂得和別人相處的人，人際關係是人類生存最重要的科學。」現代人活的不快樂主要也是因為人際關係不好。學生一定要了解人只能做自己，不能假裝是別人，也不可以委屈自己去討好別人，因為這樣會交不到真心的朋友。人不可能讓所有的人都喜歡你或作所有人的朋友，但是你可以讓別人尊敬你。

有句話說得好，「有的人像荷，可以遠觀；有的人像茶，可以品味；有的人像風，可以不必理會；有的人像樹，可以依靠」。最重要的人際關係是你和你自己的關係，你必須看得起你自己，尊重自己，別人才會看得起你、尊重你。

情緒的處理是個困難的事，我們出了社會以後才知道古人這句「人情練達皆文章，世事洞明皆學問」有多麼對。但是這方面的知識父母和老師都沒有教，要靠自己去觀察、摸索和體會，常常有人因為領會的太遲，付出了慘痛的人生代價。鑑於此，夏創辦人寫了這本處理情緒的書，從大腦的觀點，將這個歷程分解成六個階段，只要肯練習，人際關係一定會變好。

這是一本現代年輕人非常需要讀的好書，我鄭重推薦它。

國立中央大學認知神經科學研究所教授 洪蘭

扭轉慣性思維，六步實現新人生

我認識夏惠汶院士很多年，在我眼中的他不僅是一個教育家、還是一位致力於實踐「愛要流動」的行動家。剛開始接觸到「關係動力學」時，我就因為夏院士精闢的操作工法、並能確實解開關係困境而讚嘆，進而深入了解與學習，我更為其深厚的學說底蘊而感到佩服，「關係動力學」是一門高深的論述，卻又能惠及每一個人，只要願意，就能透過具體的操作手法學會面對關係困境，循序漸進地幫助自己解決自我問題、擁有陪伴他人的力量。

而「六步模式」即是夏院士以厚實的理論基礎與多年實踐經驗，發展出來的一套反思寫作工具，在這方面，我自己也受惠良多。初次學習時，我以為它只是個單純的心得寫作，抱持著半信半疑的態度，但認真開始學習書寫之後，我非常訝異地看見了自己的改變。

過去我也常因此而陷入困擾之中，我還記得以前和我家師姐討論事情時，我往往表面上是詢問對方，但背後其實是帶有「希望她照我所想去做」的期待，於是反覆詢問，而我家師姐卻覺得都已經說過好多次，為何我卻一直堅持？於是，我們往往會

因此而不歡而散。然而，藉由「六步模式」切實且有效的步驟，我學會覺察自我情緒，以此減緩情緒對自己的影響，讓我得以調整自己不被「情緒的腦」控制，進而學會運用「理性的大腦」來面對每一個情境。

當再次遇到類似情境時，我能夠轉念，明白重複舊的做法只會得到舊的結果，於是不勉強我家師姐、尊重她的選擇，結果她反而願意與我對話──隨著我的改變，我周遭的關係也跟著改變，能量的流動也就發生了，這是很奇妙又真實的體會。

這本《邁向幸福人生的六步魔法》是透過繪本故事，以更淺顯易懂的方式，讓更多人能夠藉由書寫「六步模式」，學會自我反思與轉念，幫助更多人覺察自我情緒或跳脫思考框架，為自己創造更幸福的人生。

邀請你，跟我一樣來拿起筆開始寫吧！

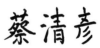

前工研院董事長　蔡清彥

生活即六步，活出更好的自己 ————

面對環境變遷快速，企業成長難免會遭遇到經營困境與瓶頸，如何引領團隊在逆境中開創新局，是一個企業管理者不可避免的課題，我亦如是。何其有幸，在因緣巧合之下，我遇見了夏惠汶院士後，開始接觸「關係動力學」，進而將關係動力學院相關課程引入欣葉集團，並親身經歷它所帶給企業的變化——從我自身開始解構過往僵化的觀點，整個團隊的關係也為之一變，合作越來越順暢，進而能上下一心地共創新局。

要轉念是多難的一件事，我深有體會，相信不少人也有相似的困擾，但透過夏院士獨創的「六步模式」書寫練習，讓我能將轉念的功夫逐漸內化在生活之中，它幫助我有層次的反思、比對和過去經驗的不同，再從自我的感覺中做出決定，找到要採取的行動，這個探尋的過程，可以加速我思考的能力，而透過反覆的書寫練習，就能從用「手」寫六步，變成用「心」寫六步，在面對生活中的每一個發生時，都能隨時實踐反思，不讓自己落入情緒之中，並從困境中知道如何行動，在工作和生活中拓展更多可能。

舉例來說，我向員工下指令的時候，心裡總會期待對方能夠依照我的想法去做，過往同仁若是不能依照我的想法執行，我經常會有情緒，也延伸思考，想說對方是不是故意不配合？在生氣的情緒中，合作關係就變得很緊張，進行的工作經常就此打住，沒辦法往前進展。這些年，每當有類似狀況時，我就以六步模式為練習基礎，思考、比對，總結我要的結果是什麼，同時深層感知自己的情緒，當下便可以轉換念頭、做出決定，為困境找到新的出路和積極改善的行動；如果行不通就不斷練習……行動……再行動，直到有改善的結果。我以這樣的六步反思模式訓練自己，不只使我建構新的思考迴路，進而改變自己行為模式。這些年，也比較不會「畫地自限」，透過轉念的練習，改善了自己的家庭關係，密實了工作中的夥伴關係。

書寫六步模式能讓人不再被情緒所困，「念頭轉個彎，世界無限寬」，無論此刻的你是因何打開了這本書，我都要恭喜你！這是一本不會讓你失望的好書，值得你放下手邊的事好好閱讀、著手練習。

李鴻鈞

欣葉餐飲集團執行董事　李鴻鈞

轉念，開啟快樂的鑰匙

在日常生活中，你有沒有過這樣的念頭？

那個人做的事老是令人不滿意、跟那個人說了很多次都不改，要是對方可以改變一下就好了⋯⋯負面思緒總是會在不經意中冒頭，接踵而來令自己感到越來越煩躁，即使置之不理，還是很難快樂得起來。

常聽到別人說「轉個念頭」就好了，但說易行難，當情緒來臨的時候，卻往往做不到，因為當遇到外在刺激，為了自我保護，人的大腦會快速連結到「情緒區」並產生行為反應，這是上天給予我們遇到危險時的保護機制，要跳脫這個迴圈只能靠後天的訓練。

但，要如何訓練？

在經過二十多年的教育現場實踐之下，我發展出了寫作的「六步模式」，它不是心得抒發，而是一個透過自我對話的思考訓練方式，藉由六個步驟分別對應大腦六個不同部位進行思考訓練，其中最重要的是第二步「比對總結」，當接受到外在刺激時，透過回憶過去經驗與現狀「比對」，大腦就不會立刻進入「情緒區」，做出情緒性的行為反應。

每天練習寫「六步模式」，不分大小事，從一天中尋找令自己開心或成功的經驗，當每天進步一點、人也會變得越來越開心、有自信。日積月累之下，好的經驗就會幫助人建構出新思考模式，跳脫情緒桎梏，更能夠理性地面對各種發生，接受它並學習它。

從「六步模式」發展以來，已經累積有一百五十萬篇的文本資料，從教育界到企業界，從師生到成功人士，因為「六步模式」的思考訓練而變得不再感情用事、不重複同樣的問題，能夠遠離困境讓自己越來越快樂。

為了讓更多人可以感受到思考訓練的好處，我們將生澀難懂的理論變成《邁向幸福人生的六步魔法》繪本，不講大道理，而是用生動的圖畫與故事，讓更多人能夠接觸到「六步模式」，願意試著去感受它所帶來的變化，幫助自己心念轉變，正向思考。

翻開下一頁，你的人生或許就會很不一樣。

關係動力學院創辦人　夏惠汶院士

邁向幸福人生的

六步
魔法

從前從前有一座開心森林，
裡面住了許多不同的動物......

每個動物都有自己獨特的性格與習慣，

各自使用的母語也不同......

但為了能方便對話，
動物們制訂了「開心森林官方語言」，方便大家交談，
只是當對話時，動物們情緒一來，
就會不小心用回習慣的母語。
所以在開心森林中，常會看到這樣的場景 ......

「嘎嘎」豬叫。 「吱吱」猴叫。 「吼！」熊叫。

動物們紛紛用各自的母語表達情緒。

然而，彼此卻都聽不懂對方在說什麼，

只能看到對方的表情、動作，聽到對方的語氣和音量。

於是為了想要對方聽自己說，就更大聲，

因此，動物們的吵架通常會在彼此聲嘶力竭

或肚子餓了才結束。

當然，有時候他們也會想到去找鼠長老解決。

鼠長老是誰呢？

鼠長老住在森林深處的圖書館裡。

他是森林裡最老最老的動物⋯⋯

動物們都稱他「長老」，

沒有人知道他叫什麼名字。

每當動物們發生爭執就會來找他協助，

慢慢的，鼠長老也從這些動物們的表情、肢體或聲音對話中，

摸索出能讓自己、讓大家都能開心的「關係動力學」。

鼠長老還在圖書館裡開設工作坊，

傳授動物們如何在森林裡愉快相處之道。

日出日落，
在開心森林中，每天都上演著許多動物們的對話與故事～

這天，動物們聚在一起討論一年一度的運動大會......

棉花糖豬漢泥第一個開口：

「嘿～我們很久沒有一起吃吃喝喝了～

　　這次運動會，要不要增加吃吃喝喝比賽呀？」

「好呀！好呀！」其他動物們紛紛表示贊同。

鵝媽媽邦妮說：

「我記得，幾年前的運動會，舉辦了吃栗子比賽，

　　當時還有一隻土撥鼠吃到噎到呢～」

變色龍伊莎蓓爾悠悠地接著：

「那**今年的運動會是誰要負責呀**？

　是不是要先規劃一下、討論一下誰來執行呢？

　唉呀！話說我最近好忙，

　因為換季，葉子的顏色不停改變，

　我也要忙著換身上的顏色呢～～～」

聽了變色龍伊莎蓓爾的話，灰熊艾倫皺眉說：
「可是，我記得上次好像有說
　今年的運動會，是伊莎蓓爾妳要接耶！
　而且，妳都沒有主辦過森林裡的活動耶～
　今年該換妳了吧～～」

灰熊艾倫露出很不高興的表情說：
「我已經連續辦了去年的運動會，
　　跟年初的動物卡拉 OK 大賽了！」

棉花糖豬漢妮一臉無所謂：

「唉唷～誰辦都沒關係，但我們一定要加一些好玩的，

　有吃有喝的，那才有趣～～～」

變色龍伊莎蓓爾則說：

「我最近真的很忙，換季時，

　我要不斷變換皮膚的顏色，壓力很大 ......」

鵝媽媽邦妮則沉浸在回憶中：

「我記得，前幾年運動會，

　有個閉氣潛水比賽，好好玩唷～

　那一次，還有人被螃蟹夾到～」

樹上傳來眼鏡猴朵莉的聲音：

「我做什麼都可以唷～

　你們決定好了，告訴我～～」

動物們，你一言，我一語的抒發意見，
講到激動處，又不小心用回母語對話，
結果又陷入彼此開始聽不懂對方在說什麼，
然後越大聲想要對方聽自己說的情況 ......

「啊!!!!! 又來了 !!!!!」

灰熊艾倫大吼一聲,暴衝到一旁怒捶大樹。

艾倫忿忿然地說:

「大家能不能好好的討論事情,

　不要每次只會推託啊!」

看見灰熊艾倫生氣,

動物們紛紛暫停了談話,

心裡想著:

「又來了!艾倫又抓狂了!」

然後，

大家開始沉默不語 ......

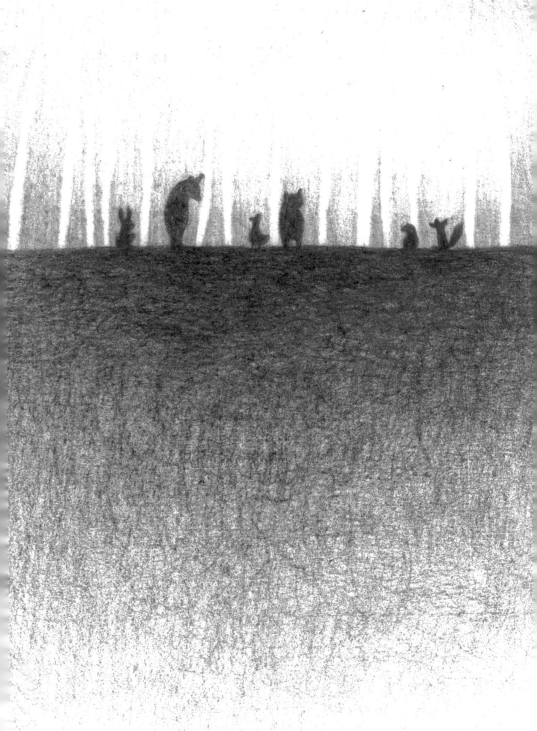

過了一會兒，

棉花糖豬漢妮開口緩頰：
「嘿～脾氣不要這麼大嘛～
那......今天先這樣好了～
下次再約時間討論吧！」

說完漢妮扭著屁股優雅地離開了，

其他動物也無聲地散去 ......

「啊 !!! 為什麼每次都要說我脾氣大 !!!

明明就是他們的錯呀 !!!」

灰熊艾倫很憤怒地一面敲打樹，一面大吼。

「難道，我做事是活該的嗎？

我就應該要做這些嗎？」

灰熊艾倫想到，每次森林舉辦活動，

自己都默默地認領其他動物不想做的工作，

卻得到這樣的回應，越想越覺得生氣！

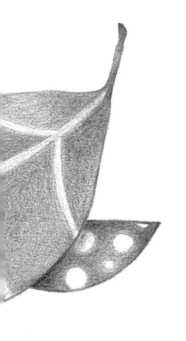

這時，樹上傳來眼鏡猴朵莉的聲音：
「欸 ...... 你要不要去找鼠長老啊？
　也許他可以幫助你唷～
　還有 ...... 你可以不要再捶打我家了嗎？」

話一說完，朵莉立刻一溜煙地，
跳到另一棵樹上，迅速逃離現場。

對於眼鏡猴朵莉的建言，

灰熊艾倫毫不領情，反而大喊：

「我才不要 !!! 為什麼每次都是我有問題？

　　為什麼是我要去找鼠長老？」

說完，灰熊艾倫更生氣了：

「好！既然開心森林容不下我，**那我走！**」

灰熊憤怒地想要離開森林

走著，走著，竟然走到圖書館附近 ......

「最近好不好玩呀？」

正在圖書館外散步的鼠長老，

看見灰熊艾倫，溫和地打招呼。

灰熊艾倫停了步伐，訕訕說：「**一點都不好 ......**」

鼠長老好奇地問：「說來聽聽看呀～」

灰熊艾倫很憤怒，滔滔不絕地說了起來：

「這裡讓我一點都不開心，我不要再留在森林裡了！

　　今天在討論森林運動會的事，但討論半天都沒有重點，

　　之前本來講好要負責今年運動會的人都在裝傻。

　　為什麼有些人可以不負責任？為什麼討論都不講重點？

　　為什麼每次都是我的錯 ......」

砰的一聲！

鼠長老舉起手上的拐杖，

很俐落地敲在灰熊艾倫頭上，打斷了他的抱怨。

灰熊艾倫痛得大吼：「**幹嘛敲我的頭！**」

「我是想幫你清醒一點呀！」

鼠長老笑笑地說：

「我看你腦袋有點不清楚，

現在有沒有清楚一點了呀～～」

看著鼠長老，灰熊艾倫突然嚎啕大哭了起來......

鼠長老理解地說：

「眼淚是寶貴的，就哭吧～」

「你的眼淚在說什麼呢？」

灰熊艾倫啜泣說：

「我希望我們可以團結一心，

　一起完成森林裡的活動 ......」

「每次，都只有我在做 ......

　我已經很努力了，但為什麼大家都覺得是我的錯 ......

　我只是希望大家能一起努力，讓開心森林變得更好 ......」

鼠長老摸著下巴說：

「嗯，那就看，你想當學習者，還是表演者囉～」

灰熊艾倫停止了哭泣問：

「什麼是學習者？什麼是表演者呢？」

鼠長老解釋道：

「學習者 ——

　　可以接受自己做不好，可以接受別人對自己的評價。

　　會把所有的發生都當成是最好的學習。

　　追求的是進步和成長，不在乎面子。」

「表演者 ——

　　就是要表現得很好，想要贏得掌聲，

　　不能接受自己有做不好的時候。

　　追求的是掌聲和面子。」

灰熊艾倫一臉沮喪：

「為什麼是我要改？他們就不用改嗎？

　　還是您也覺得是我的問題？」

「這跟別人沒有關係唷～」

鼠長老笑著說：

「如果你願意學習，最大的受益者就是你唷～

當你學會了，你會越來越開心～」

「你想不想知道，怎麼樣讓自己可以更開心呢？」

灰熊艾倫點點頭說：

「想，但要怎麼做才可以讓我更開心？」

鼠長老：

「我來教你一個神奇的轉念方法

六 步 模 式 吧！」

聞言，灰熊艾倫困惑極了：

「什麼是六步模式？

可以吃嗎？」

鼠長老不答，反而慈祥地笑著問：
「你還記得，最近一次跟人合作時開心的經驗嗎？」

灰熊艾倫想了很久 ......
上禮拜抓魚，他踩到鵝媽媽邦妮 ...... 跟她吵架 ......
上個月，他吃掉了棉花糖豬漢妮偷藏的栗子，
讓她很生氣 ......
每次跟變色龍伊莎蓓爾講話，她都壓力大 ......
最後，自己就會因為不開心跑去捶樹
(因為想捶伊莎蓓爾)
今天，他還把眼鏡猴朵莉的樹捶到葉子掉光 ......
害眼鏡猴朵莉也不開心。

灰熊艾倫用力甩了甩頭，
想要把不好的記憶都甩掉，
他悲憤地說：「沒有，都沒有！」

「你再仔細想想。」
鼠長老很有耐心地請艾倫再想想看。

「有了！」灰熊艾倫興奮地說。

年初，他跟棉花糖豬漢妮一起舉辦動物卡拉 OK 大賽，

一開始，討論的時候很順利，

但當開始要協調、受理報名、場布等執行工作時，

他就發現越來越多的事跟一開始的想像不同，

而且棉花糖豬漢妮總是忘東忘西，

可是他們還是一起合力完成活動，

結束後，漢妮還開心地請艾倫吃珍藏的栗子蛋糕。

鼠長老笑說：

「好，那你就用現在想到的這個例子

來做一次練習吧！」

第一步：反映現象

鼠長老說：

「艾倫，你在卡拉 OK 大賽中，

　　印象最深刻的一個場景，

　　那個畫面是什麼呢？

　　只要敘述你**看到的**，

　　或**聽到的**，或**皮膚感覺到的**等等，

　　將現象，做直接的描述。」

灰熊艾倫想了想說：

「當時漢妮忘記去協調租借音響的事，

　　到前一天，才發現可能沒有音響可以用，

　　於是漢妮很慌張地來問我該怎麼辦？

　　我當時 ......」

「停！」鼠長老打斷他說：

「就先到這裡！接下來是第二步。」

第二步：比對總結

鼠長老跟灰熊艾倫說：
「接下來，請你回憶自己過去的經驗，
　比對過去經驗與當天的現況，
　相同或不同之處是什麼？
　一定要進入『回憶』唷～」

灰熊艾倫想了一下 ......
他想到在自己還是小小艾倫的時候，
有一次，跟同伴約好去河邊郊遊，
大家分工帶郊遊的東西，
那是艾倫第一次跟同伴離開開心森林，
他興奮極了～
前一天，就再三檢查確認，
怕自己會忘記帶要釣魚的竿子。

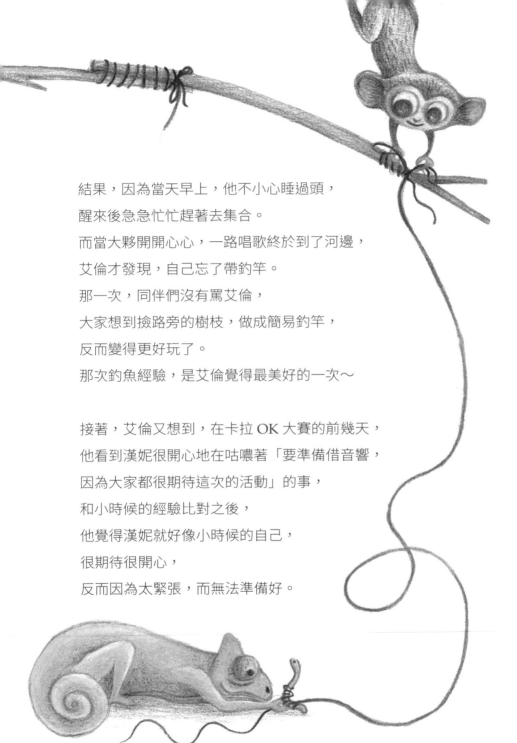

結果，因為當天早上，他不小心睡過頭，

醒來後急急忙忙趕著去集合。

而當大夥開開心心，一路唱歌終於到了河邊，

艾倫才發現，自己忘了帶釣竿。

那一次，同伴們沒有罵艾倫，

大家想到撿路旁的樹枝，做成簡易釣竿，

反而變得更好玩了。

那次釣魚經驗，是艾倫覺得最美好的一次～

接著，艾倫又想到，在卡拉 OK 大賽的前幾天，

他看到漢妮很開心地在咕噥著「要準備借音響，

因為大家都很期待這次的活動」的事，

和小時候的經驗比對之後，

他覺得漢妮就好像小時候的自己，

很期待很開心，

反而因為太緊張，而無法準備好。

第三步：感覺

聽完灰熊艾倫的話，鼠長老接著問：
「嗯～跟記憶比對之後
　　你覺得帶給你的感覺是什麼呢？」

艾倫很快地回答：
「我覺得漢妮也不是故意的。」

鼠長老說：
「『 不是故意 』不是感覺，
　　感覺就是我們的原始情緒。
　　我們的感受，
　　都是從『 **喜 怒 哀 懼** 』
　　四種原始情緒延伸而來。」

灰熊艾倫想了想說：
「嗯 ...... 那我應該是開心吧。」

「因為漢妮忘記準備音響，
　但也許可以像我小時候一樣
　有機會創造出更棒的模式。」

第四步：決定

鼠長老接著說：

「通常，我們面對一件事，很快就做出判斷，直接行動，

　但這時做的決定，其實是大腦在自動導航，

　就像你面對合作的夥伴，聽到他們說他們很忙，

　就直覺認為對方不想做，並做出憤怒的反應。」

「這時候，將現況與過去回憶比對就很重要了！

　比對完後，找到自己的原始感覺，

　接下來進行第四步，

　第四步就是要**經過反思後，覺知地做出決定**。

　當我們可以覺知，就不會自動導航，

　做出事後自己都覺得後悔的事。」

灰熊艾倫露出好像有點懂，

又好像不太懂的表情看著鼠長老。

鼠長老：

「所以你現在回想，那時候你的決定是什麼呢？」

艾倫想了很久，才說：

「我決定，要跟漢妮一起找到有創意的播音工具！」

第五步：行動

「通常，當我們心中決定了個念頭，

　　就會產生行動，

　　每一次實踐的過程，

　　就會幫助我們在大腦中累積好的經驗值，

　　這些經驗都不會被忘記，

　　只要我們累積的正向經驗夠多，

　　即使我們大腦開啟自動導航，

　　也不會導向讓自己後悔的事情了。」

鼠長老說明完之後問灰熊艾倫：

「當你決定要跟漢妮

　　一起找到有創意的播音工具，

　　你那時候做出了什麼行動呢？」

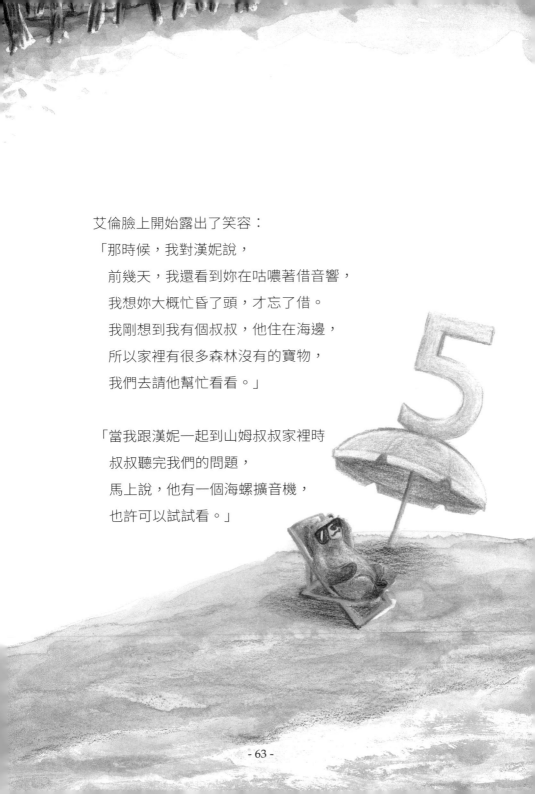

艾倫臉上開始露出了笑容：

「那時候，我對漢妮說，

　前幾天，我還看到妳在咕噥著借音響，

　我想妳大概忙昏了頭，才忘了借。

　我剛想到我有個叔叔，他住在海邊，

　所以家裡有很多森林沒有的寶物，

　我們去請他幫忙看看。」

「當我跟漢妮一起到山姆叔叔家裡時

　叔叔聽完我們的問題，

　馬上說，他有一個海螺擴音機，

　也許可以試試看。」

第六步：TOTE

鼠長老摸著下巴說：
「接下來的結果，你滿意嗎？」

「滿意！」灰熊艾倫大聲回答。
此時他的臉上，已經是陷入回憶中的快樂笑容了。

那次的卡拉 OK 大賽，大家開心死了～
用沒看過的海螺擴音機唱歌，
每個唱歌的動物，都覺得酷斃了！
活動結束後，大家還搶著拍照呢！

鼠長老：

「是的，六步模式一定要寫滿意或進步一點的事，

　這是幫助自己找到成功經驗，

　借著練習六步模式更肯定自己，

　逐漸累積與建構自我成就唷～」

「我有問題。」

灰熊艾倫舉手發問：
「如果不滿意怎麼辦，可以寫不滿意嗎？」

鼠長老笑著說：

「一定要是『滿意』才可以唷！

　六步模式是幫我們建構自我成就，

　當然是要建構開心滿意的經驗，

　不要不滿意的經驗。」

「如果一天無法有滿意的結果，

　也可以分日分段，繼續行動測試，

　直到自己滿意為止。」

「那我懂了。」

灰熊艾倫臉上的傷心不見了，
已經換上大大的笑容了。

鼠長老笑問：
「那你現在，還想要搬離開心森林嗎？」

灰熊艾倫搖搖頭：
「我決定，繼續回去跟夥伴合作，
而且每天練習六步模式！」

鼠長老小叮嚀：

六步模式，可以幫助我們調整思考模式～**轉念**。
大腦是個很奇妙，又神奇的訊息轉換器。
通常大腦碰到外在的刺激，
為了保護自己，
就會快速連結到「情緒區」並產生行為反應。

寫六步模式中的第二步「比對」，
就是**練習在大腦中建構一條新的迴路。**
當接受到周圍環境訊息 (外在刺激)，
立刻「比對」過去的經驗，
就會連結到大腦「理性思考的區域」，
這黃金三秒鐘，
或許就能改變自己看世界的角度。

除了轉念，我們的記憶，

常常是**大塊記憶**，

只記得事件發生時，當下的情緒，

卻忘記了事件的細節。

不論是開心或憤怒，

我們一定是做了些什麼，

而幫助了這個結果的發生，

如果我們能透過六步模式，

去看到令自己感到開心滿意的成功經驗模式，

每天不斷的練習，

就能讓自己累積更多成功經驗，

就能更加深讓自己成功開心的思考模式。

這就是六步模式有趣神奇的地方～

你也跟灰熊艾倫一起來練習寫六步模式吧！

第一步	
第二步	
第三步	喜
第四步	
第五步	
第六步	满意

第一步	
第二步	
第三步	怒
第四步	
第五步	
第六步	滿意

第一步	
第二步	
第三步	哀
第四步	
第五步	
第六步	满意

第一步

第二步

第三步　懼

第四步

第五步

第六步　滿意

第一步

第二步

第三步

第四步

第五步

第六步

第一步

第二步

第三步

第四步

第五步

第六步

第一步

第二步

第三步

第四步

第五步

第六步

第一步

第二步

第三步

第四步

第五步

第六步

第一步	
第二步	
第三步	
第四步	
第五步	
第六步	

第一步

第二步

第三步

第四步

第五步

第六步

附錄

細讀《邁向幸福人生的六步魔法》

我們活在一個「關係」的世界，不論是自身，還是在家庭、職場、學校，乃至於任何人與人互動的場合，都有關係的存在，就像呼吸一般，我們看不見空氣但卻是我們賴以為生的物質，關係也是一樣，沒有具體形象卻時時刻刻存在於自己以及人與人之間。生活中，人離不開呼吸同樣也離不開關係，因此「處理關係」是每個人一生都在學習的課題，若關係沒有處理好，人活著就會覺得辛苦。

真正的良好關係，應該是有一方產生一股能量，流動到另外一邊，從另外一邊又到原來的地方，或者再發散到其他地方，且創造出不同的能量，建立良好關係的關鍵就在於「對話」，透過聆聽、陪伴或者問一個令人反思的好問題，能幫助人們反思，當關係中愛的能量流動，關係就會和諧。

要讓關係中的能量能夠流動，透過「對話」是一個很好的方式。對話時若能夠用貼近、理解對方的語言，讓對方從對話中感到被重視、被理解，將會為關係中的彼此帶來開心的能量；但若只是用「我說你聽」的態度，只說自己想說的話，則可能帶來困境。可惜的是，我們的對話能力卻常常因為受限於成長經驗與舊有思維，容易帶著自己的價值觀去下定論，勢必會為關係帶來困擾，進而產生關係上的衝突。

人會有這樣的行為模式，其實跟我們的大腦運作有關。當人接受到外在的事件（刺激）時，會刺激到杏仁核（情緒的腦）後直接產生反應，就會產生行動。一旦達成，就在大腦中建構了一條「刺激→

反應」的路線設定，以後有類似的刺激，如果沒有重新思考、重新下指令，就會依循著相同的模式進行，就像是我們駕車時會「自動導航」一樣，然而舊的路再重新走一遍，也只會到同樣的地方去。

舉例來說，小明被小花打了，（覺得不爽）馬上飆罵回去，事後可能會後悔，但下次發生類似的事情時，小明又做出相同的反應。這是因為這條「刺激→反應」的路線設定，並未受到理智控制，當人接收到令他不舒服的刺激時，往往會做出反擊的行為，而這樣的行為模式也會進一步影響到關係。

如果我們想要改善關係，就只能靠後天的訓練，跳脫大腦內這個預先設定好機制迴圈，透過「反思」，重新建構刺激反應迴路的過程。舉例來說，當小明被小花打了，能夠想到過去因為回罵反而被老師處罰的經驗，而決定冷靜詢問後，不帶有怒氣地詢問小花「為什麼打人？」，這就是經由思考後才做出的反應。

一旦我們能透過反思、改變、修正行為的脈絡，就能夠在大腦中建構出一條新的路線設定，當我們能持續地、有意識地更新自己的大腦地圖，就可以幫助我們跳越感性轉換為理性，建構出新的行為模式留存在大腦地圖中。

然而知易行難，所以可以透過「六步模式」，藉由寫作的方式進行自我訓練，當按照「六步模式」的六個步驟：（一）反映現象、（二）比對總結、（三）產生感覺、（四）做出決定、（五）產生行動、（六）TOTE 原則，進行長期的寫作訓練即可改變大腦思考模式，進一步幫助人們解構掉舊有的思維方式，重新建構新的思考邏輯。從大腦神經

科學的角度來說，就是調整刺激反應的路徑，說服大腦建構新的路徑，讓改變從大腦的內在開始，是一個幫助自己不陷入情緒困境，或幫助自己從已經陷入情緒困境中跳出來的一種自我覺察訓練，同時，這也是自我肯定的培養、自我對話的歷程。

接下來，讓我們細讀《邁向幸福人生的六步魔法》，試著想一想：
1. 在故事中，灰熊艾倫因為受到大腦「自動導航」影響，導致他與其他動物產生了關係困境。在你的生活中，與家人、朋友、同儕、主管等人相處時，是否也有過類似的發生？

2. 故事中，灰熊艾倫在動物們大吵之後，憤而離開開心森林。回想過去，當你在家庭、學校、組織中因為受到情緒牽引而直接做出反應時，關係中其他人有什麼樣的回應？當時的關係狀態又帶給你什麼樣的感受？

3. 故事中，面對灰熊艾倫的憤怒，其他動物的反應皆不同。如果今天的你是站在其他動物的立場，面對艾倫的憤怒你有什麼想法？連結自我經驗，當別人的語言是帶有情緒的時候，你會有什麼感受？

六步模式的設計原理

為何六步模式反思寫作可以幫助人們改變思考路徑呢？因為六步模式中的每個步驟都可以分別對應大腦六個不同部位進行思考訓練，藉由一步扣一步的方式，幫助人們先改變原有的思考。舉例來說，

過去曾經上臺表演失敗過，這個事件所引起情緒烙印在你的心中，所以每次只要你在大家面前講話你就會害怕，如果不去覺知自己的行為，未來發生類似的情形就會做出相似的反應，然而透過反思就能回到自己，看看自己可以如何改變，幫助自己不再被過去的經驗、情緒所牽引，建構出新的思考模式，進而產生新的改變。

而談到改變，首先，要了解自然規律，事物的發展一定有「時間」因素，也就是萬事萬物都會「演化」，亦即萬事萬物都會「變」，而且，是按照本身的規律在「變」。其次，要了解，人是不能「被」改變的，俗話說：狗嘴裡長不出象牙來。那麼人是能變還是不能變？

精確的說，人會改變，但是無法「被」改變。人可以依照自己的意願改變自己，但若被別人操控改變，就會陷入情緒。而怎麼讓我們在面對各種快速變遷與訊息爆炸的後現代社會，能不落入情緒中？六步模式運用黑格爾的辯證法概念，透過自我內在對話不斷辯證，人更能反省到自我。當我們運用這樣的概念，不斷的分析、辯證，就能幫助自己不落入情緒，進而跳脫出情緒的陷阱，而能理性自我反思。

六步模式寫作的設計原理之一是與生活脈絡作連結，步驟一是反映現象，感官是認識世界的開始，透過感官，我們獲得關於世界的一切資訊。感官經驗的產生來自外界的刺激（光線、氣味、聲音等……），當刺激達到一定強度時，感覺器官（眼睛、鼻子、耳朵……）會開始工作，經由神經系統傳送訊息給大腦，大腦於是產生外界事物的映象，也就是所謂的感官經驗。

人的行為起源與感官反應，透過大腦理性比對過程，做出決定，再以行動去呈現自己的決定。所以一個行動是感性和理性密切聯繫作用後的結果，這樣的過程形成習慣就是規律。並藉由步驟二「與過去經驗回憶進行比對總結」，讓原本「情緒的腦」的反應路徑，轉移到「認知的腦」的反應，經此調控轉移之後，做出的決定和產生的行動，能夠更為合理。

根據腦神經科學學者 LeDoux 利用老鼠實驗，提出一系列恐懼制約（fear conditioning）和杏仁核間的關聯，並進而發展出情緒處理的兩條路徑（J. LeDoux，1996），調控情緒的兩條路徑，第一條是刺激到稱為「情緒的腦」的杏仁核後直接產生反應，可迅速且即刻地處理刺激的知覺訊息，但常無法正確精準的反應。就演化而言，該路徑是一種保護機制，讓動物在認知理解外界資訊之前立即做出反應，例如攻擊或逃跑等，這種直覺未受理智控制，常會導致瞬間的情緒無法控制，比如厭惡、憤怒、恐懼、甚或狂喜等。

第二條路徑，是經過稱為「認知的腦（the cognitive brain）」的大腦皮質的思考後才反應，由視丘傳到大腦皮質（cerebralcortex）後再傳到杏仁核，反應較慢，但因可進一步分析刺激的知覺訊息，產生較詳細與具體的連結，產生的反應較合理。後來的許多研究，也印證了杏仁核在情緒處理上扮演了重要角色（Dalgleish，2004）。

大腦神經元具有神經可塑性（neuroplasticity），它有能力改變自己的結構和功能（Richard J. Davidson and Sharon Begley，2013）。J. Medina（2009）研究發現，大腦神經細胞不但可以再生還可以因不

斷學習而改變神經元連結迴路。也就是在大腦神經元彼此之間的連結或削弱，可以因人們的經驗和思想而改變，大腦也可以因內在激發的資訊（想法和意圖）而改變。透過六步模式寫作，不斷比對、反思，建構新的意義，創造出新的可能性，重塑大腦地圖的新路徑。

大腦路徑可以被重塑這件事情，也符應了社會建構論的觀點：所謂的真實並不只有單一觀點，而是具有「多元現實」的可能，真實對個體而言，並非是「真假」的問題，而是「合適」與否的考慮（Potter，1996）。人們的情緒誕生於社會互動的脈絡當中，情緒是脈絡的產物，情緒無法脫離脈絡而被討論與瞭解，脈絡才是個體「經驗到」情緒的原始地點（De Shazer & Dolan， 2007）。在當事人提出想處理的困擾時，可以協助當事人在顯露差異的生活脈絡中，尋找「適合（fit）」當事人獨特經驗的實用（useful）觀點與資源（De Shazer，1988; O'Connell，1998）。因此在步驟二中，透過與過去的回憶比對，從中產生反思，並得到新的結論，找到新的意義，在不斷的與環境刺激反應中，解構舊有的框架，建構出新的正向意義。

六步模式寫作的另一個設計原理，是基於「每一個人都是解決自己關係問題的專家」，經由自己的改變，而且「把每一件不論大小事的改變，都做到自己滿意為止」，不但自己改變，團體也會跟著往滿意的改變方向前進。

根據由 George A. Miller， Eugene Galanter， Karl H. Pribram 於 1960 年提出的 TOTE（Test-Operate-Test-Exit）模式，當我們要做好一件事時（目標），我們會在過程中反覆測試（Test），看看這個目標

是否已經達成。假如測試後發現這個目標尚未達成我們所定的標準時，我們會嘗試作出一些改變（Operation）以便更易達成所定的目標。做了改變後，會繼續測試（Test），直至目標達成為止（達至我們所定的標準）（Exit）。

六步模式另一個特點是，過去許多研究主要聚焦在負向心理狀態對身心的影響（Panksepp，1998），而從正向心理學（PositivePsychology）的觀點，要看到擅長的，能帶給自己正向情緒、或正向意義。也就是發現生命經驗中的正向意義，並成為對自己有價值的正向資源（Frankl，1969）。這也是為何在步驟六，結果一定要是正向的感受，當我們相信人可以依照自己的意願改變自己，從獲得正向結果的事件，幫助自己找到成功經驗，借著練習六步模式更肯定自己，就能幫我們累積與建構自我成就的經驗。

只要決定自己要怎麼改變，結果即使不令人滿意，透過反思，把大腦內部的關聯式結構進行增減或重組，就會有不同的行為發生。如果發生在群體中，當對方看到你不同的呈現，對方與自己的經驗比對後，發現過去沒有這樣的感官經驗，為了要回應新的改變，也開始增減或重組自己腦內部的關聯式結構，對方也就改變了。

這也是所謂的當系統中的一個人改變，整個系統都會跟著改變，當團體成員素質提升，團體的智慧也就跟著提高，在關鍵的分歧點上，會做出有助於團體生存發展的決定，往正確的方向演化推進，在分歧演化的進程中，不斷透過自組織而維持生存與發展。

六步模式的寫作方法

六步模式是一種對環境反應方式的描述，藉由對事件的重新思考，找尋合適的處理方式，意義與成效在於，透過六步模式的寫作訓練，說明人們跳越感性轉換為理性，從大腦神經科學的角度來說，就是調整刺激反應的路徑，說明大腦建構新的路徑，讓改變從大腦的內在開始。同時是自我肯定的培養，也是自我對話的歷程，當人們關照自己內在情緒的經驗，也就邁向言行合一的過程。

每日透過寫一篇六步模式做事件的面對與處理，是自我提升的訓練，也是讓自己未來面對問題有更好的解決模式！

第一步「反映現象」：步驟一針對的是「外在刺激」，所以必須要將看到或發現一個現象清楚地寫出感官直覺。在第一步「反映現象」中僅需要單純地描述當下發生的狀況，不需要代入個人的情緒判斷，例如：「學生朝著我衝了過來」就是一個現象描述，而「學生朝著我衝了過來，我猜她想要打我」就是添加了個人的判斷。

（想進一步了解關於「反映現象」的寫法，可翻到第102頁練習看看。）

第二步「比對總結」：這一步的目的是為反思開門，將情緒導入較理性的路徑，也因此比對一定要進入回憶程序，回憶曾經在什麼時候也發生過類似的情況。這是一種理性思考的過程，藉由在大腦資料庫中找到類似的照片或錄影帶的概念，將過去的「回憶」開始與第一步的「現象」比對，進而得到一個結論。

這個回憶可能是曾經發生過在自己身上，或是曾經看到過的。參考語法為：回到自己內在……回憶曾經在什麼時候也發生過類似的情況……進入回憶程序。

(想進一步了解如何寫「比對總結」，可翻到第 104 頁練習看看。)

第三步「產生感覺」：步驟三最重要的是，藉由結論中產生一個感覺，這是一種「內在覺察」，透過比對之後帶給自己的感覺是什麼？與以前有相同的感覺或是不同？要注意的是，感覺的詞彙只能用「喜怒哀懼」四種或由這四種延伸的詞句。寫出感覺是什麼，再說明自己為什麼有這些感覺。參考語法為：「有點難過……我的難過是因為……」，先寫出喜怒哀懼的情緒詞彙，再寫出為什麼？

在第三步中，透過比對總結看帶給自己的感覺是什麼很重要，這是為了要透過內在覺察去幫自己的大腦建構新的意義，並重塑途徑。不過由於過去受到傳統中華文化影響，多數人較少談論自我感覺，也很少被鼓勵要去覺察情緒，因此在撰寫六步模式第三步時，會較難分辨自我的情緒是屬於喜怒哀懼中的哪一種，所以必須要再往內在去多思索。

此外，情緒有時候也會同時存在，例如又喜又怒。所以第三步的「產生感覺」並不限定僅能有一種情緒，只要那是藉由結論中產生一個感覺、是真實的情緒，就可以描述，如果能夠清楚描述，就可以更清楚的看到情緒的轉折、轉變的歷程。

(想進一步了解「產生感覺」的寫作方式，可翻到第 106 頁練習看看。)

第四步「做出決定」：當有感覺之後，通常就會做一個決定，因此步驟四就是要回到大腦，創造出「一個可以執行的決定」，這是一個「內心自我對話」的過程，也是讓反思產生行動力的關鍵，書寫前一定要細心地想一想。

「做出決定」可以運用的兩種語法是：「如果重來一次，我會……（重來一次自己會怎麼做，才不會重蹈覆轍……）／早知道，我就……／今後，我將……」；或是「如果我是他（對方），我會怎麼做？（進入對方的環境與個性，從思維中去想，這就是角色交換）／如果我做，我會……／對方一定沒想到……」只要用上述的開頭語，就進入反思與行動歷程了。

事實上，當有了事件、有了感覺，大腦就會自動導航面對發生，就會根據事件或經驗做出行動前的決定，也就是根據大腦中的地圖決定怎麼走、走到哪裡……換句話說，就是腦內「銘印」開始發揮作用的時候，有反思能力的人就不會被銘印操控，若無反思能力的人，就會自動導航被銘印牽著走，所以在決定時，必須要經過反思、覺知地做決定。

（想進一步練習「做出決定」的寫作方式，可翻到第 108 頁練習看看。）

第五步「產生行動」：「產生行動」是「養成習慣」的過程。在我們做出決定之後，必須要有具體行動，做出決定是「知」，而以此產生切實可行的「解決方法」則為「行」，若知多行少就是光說不練，唯有知行合一才能幫助自己建構新銘印。參考語法為：「根據決定我做了什麼……」，每做一次就會增加一次經驗也滋養一次銘印，如果每次做法都是一樣的，銘印會越來越固著，銘印是來自於過去的決定及實踐。

所以，做出決定之後的第五步「產生行動」是整個反思過程的重點。每一次實踐的過程就會增加一次腦內銘印，就是強化自動導航功能，當我們持續建構正向銘印，每次做出相同的行為，銘印就會被滋養，就可以重新建構。因此，在進行六步模式寫作時不必花時間分析研究事件現象，而應花時間和力氣去行動、去測試。如果效果不好，就再改變方法，再行動，而這就是接下來第六步「TOTE」的功課。

（想進一步練習「產生行動」的寫作方式，可翻到第 109 頁練習看看。）

第六步「TOTE 原則」：TOTE 分別是 Test（測試），Operation（行動），Test（測試），Exit（結束）的首字母。在第六步，要看第五步產生的行動，是否有效，也就要看回應，例如：想要了解、討論並解決為什麼學生上課參與度低，如果學生的動力被挑起來，那就是有效，如果仍然無所謂，那就無效，就要再思考新的行動。

第六步是一個建構「自我成就」的銘印過程，這個步驟要透過行動，觀察，再行動，再觀察，而結果必須要是正向的感受才能結束，比如說滿意、愉快、輕鬆、開心等，如果行動而得來的結論是不滿意或覺得不好、不恰當、不成功的話，就要重來。再經過行動測試，直到得出正向的結論為止，才能幫助自己找到成功的經驗。

步驟一到步驟五或步驟六，是一個迴圈段落，而一個迴圈完成之後，大腦細胞就會儲存起來，下一次碰到類似的情況，就會叫出這份影像資訊，作為比對的基礎，如果有很多的類似影像資訊儲存在一起，就

有很多可以比對的影像資訊，就可能做出正向的總結，甚至產生出新的意義，而有新的觀點。

(想進一步練習「六步模式」的寫作方式嗎？可翻到第 110 頁練習看看。)

六步模式的寫作執行原則

六步模式可以了解自己行為發生的心路歷程，培養修正自己行為的反思能力，任何一個「有感」的發生，都是一個刺激，會讓自己內心有些反應，透過這樣的分析自己，就知道刺激會帶給自己怎麼樣的反應了。

剛開始寫作六步模式時可能會遇到很多困難，有可能是把六步模式想得太難，有的是太在乎內容寫得「好不好」，因而困擾不已，時間和精神上都造成壓力，但其實只要把握以下 3 個原則，就能幫助自己在進行六步模式寫作時，更能夠掌握方向：

1. 忠於自己：寫六步模式時，最重要的原則是，全然的忠於自己，那就會是一篇很好的筆記。寫作內容盡量扣緊生活或工作帶給自己內在的攪動或感觸，不要把自己當成記者報導「別人」的事情，那不是寫作的意義和精神。感官認識是一個過程，是一個不斷發展的過程，是一種運動，是一種不斷改變的認識運動，不是一成不變的，是不斷進步的。將來回顧，就可以看出自己改變軌跡的趣味。

2. 直接描述：搜尋讓自己情緒波動的場景或主題，不要記流水帳。透過眼、耳、鼻、舌、身和皮膚等感官，看到、發現或感受到一個現象，直接描述看到的或聽到的「事實」。從大腦中找出比對的地圖，常常是很模糊的地圖，但要求要清楚的浮現。我們看到的事物其實都是所謂「真理」的一部分，就像「瞎子摸象」，每一部分都是大象的一部分。我們不斷的觀察，改變角度的觀察，積累了我們的感官經驗，積累到一定的程度，就可以看到真相，真正大象的全貌，就有了更完整的認識。要多做調查多收集資訊，不要以偏概全。

3. 關照獨特，建構成功模式：任何事情都有例外，碰到例外，就是擴展視框增加學習的機會，掌握了獨特，就增長了見識，豐富了學習，從響應獨特的過程中，創造了新的可能，透過檢核自己的回應是否有效，就印證自己的判斷、決定和成效。這也是為什麼一定要寫滿意的事情，是幫助自己找到成功經驗，借著寫六步模式更肯定自己，並在寫作過程中，建構自己的成功模式。有時不一定一次就獲得滿意，經過再行動測試，再反思覺察，直到滿意為止，做到滿意就能建構正向的新銘印。若分段寫作，從今天的不滿意，一直寫到多日後的滿意，把一個事件完整的記錄下來，就能建構自我成就的銘印。

現在就開始每天寫六步吧！

六步模式反思書寫是一個自我對話、關照內在情緒，以及對自我檢核言行合一的學習，從 1993 年發展迄今，共歷時 26 年，累積總計超過 150 萬篇文本資料，幫助許多陷入困境的人，從此越來越快樂。

透過六步模式反思發生的事件，讓許多人能用更多面向思考同一件事情，幫助自己從被卡住的思維跳出來，而變得不再感情用事、不重複同樣的問題，看到事件的正向意義，不斷透過決定和行動往前走，在反思、比對、行動、修正再行動，滾動發展的軌跡中，看到自己默默在轉變的過程，並讓改變潛移默化為「自發性的改變」。

因為人只有在自己有意願時才能「改變」，所以撰寫六步模式一定要書寫者自身有意願反思才有意義，唯有書寫者自身有意願，才有機會真正產生新的決定和行動，並達到正向的結果，也才能幫助自己建構出新的思考與行為模式，並把新的行為模式留存在大腦地圖，成為下一步累積進展的參考路徑，幫助自己心念轉變，正向思考，進而促進家庭、師生、親密、職場等關係能量流動，變得圓融。

你是否也想感受六步模式所帶來的變化？就從現在開始，每天寫一篇六步模式吧！

六步模式寫作練習

一、第一步「反映現象」寫作練習：

練習 1 ／媽媽的抱怨：今天早上一起床，就被媽媽抓住抱怨，內容是關於妹妹一天到晚跑出去玩、不認真唸書……

六步模式——

1、反映現象：

(1) 聽到媽媽又在我面前抱怨妹妹的行為，我覺得很煩。

(2) 媽媽又開始在我面前抱怨妹妹的行為。

(3) 媽媽跟我抱怨妹妹的行為，我不懂妹妹怎麼想的，我以前都不會這樣。

2、比對總結：過去我聽到時情緒會受到影響，對妹妹行為感到生氣，於是碰到她時就會碎碎唸，導致妹妹變得會逃避我。後來，我上了關係動力學院的課程，發現這是因為我沒有尊重妹妹的想法，而是將自己認為對價值觀強加在她身上。

3、產生感覺：喜。知道自己的困境。

4、做出決定：尊重妹妹用她的方式與媽媽相處。

5、產生行動：將自己的情緒抽離出，靜靜地聽媽媽說，不用刻意去附和媽媽批評，並問媽媽說：妹妹一直是這樣，妳唸她有改嗎？媽媽說：說也沒有用，我自己要過快樂一點，不管了！

6、TOTE 原則：滿意。

依照你對六步模式的理解，你覺得哪個選項描述比較符合「反映現象」呢？為什麼呢？

建議選項：（2）

解析：從「媽媽的抱怨」練習，可以看到，「選項（1）我覺得很煩」，及「選項（3）我不懂妹妹怎麼想的，我以前都不會這樣」，帶入了個人情緒或是想法的判斷，但在第一步「反映現象」中僅需要單純地描述當下發生的狀況，不需要代入個人的情緒判斷。

練習 2 ／送錯便當： 因為公司接到一個大案子，所以每個員工最近都非常的忙碌，身為企劃組長的你，忙到都沒時間外出用餐。這時，同事綉綉說因為看到大家都忙得沒空外出吃飯，於是要幫大家訂便當，你也加入了，訂了一個炸雞腿便當。沒過多久，便當送到了，卻不是你原先想的炸雞腿便當，而是送錯成烤雞腿便當，你覺得不是很開心，心想怎麼會訂錯呢？

試著以「送錯便當」事件，練習第一步「反映現象」的寫作方式吧！

「送錯便當」六步模式／第一步範例答案：

OK　中午同事綉綉幫大家訂便當，我訂了炸雞腿便當卻送錯成了烤雞腿便當。

NG　中午同事綉綉幫大家訂便當，我訂了炸雞腿便當卻送錯成了烤雞腿便當，我很不高興。

二、第二步「比對總結」寫作練習：

練習 1／兒子加班：兒子今天打工排休，跟同學約好要出去玩，沒想到臨出門時便利商店店長突然來電表示，有人生病請假、人手不足，希望兒子可以銷假上班，兒子覺得不開心，詢問你該怎麼辦？

六步模式——

1、反映現象：兒子今天休假，但店長要他銷假回去支援，他來問我該怎麼辦？

2、比對總結：

(1) 過去當兒子求助我時，我都會選擇放手讓他自己做決定，但是沒有做到傾聽與陪伴。我覺得能夠透過對話去陪伴孩子，更能支持他。

(2) 面對這樣的狀況兒子都會求助我該怎麼做。

(3) 過去我都放手讓他自己做決定，但沒有傾聽他的想法，所以我決定這次要好好陪伴他。

3、產生感覺：開心。能夠有陪伴兒子的機會。

4、做出決定：尊重他的想法與決定。

5、產生行動：先透過傾聽接住了他的情緒，理解他的不開心之後，跟他分享自己的經驗，請他自己決定，但也告訴他做了決定就要承擔責任，並告訴他自己會支持且尊重他的決定。

6、TOTE 原則：滿意，經過傾聽與陪伴孩子的情緒不見了，問題也就消融了，學習到尊重生命要開心與快樂，工作也要開心快樂才會有成就，進而創造成功。

依照你對六步模式的理解，你覺得哪個選項描述比較符合「比對總結」呢？為什麼呢？

建議選項：（1）

解析：在進行第二步比對總結時，有時會與現在發生的事混在一起，例如「選項（3）所以我決定這次要好好陪伴他」，就是在針對現在的發生進行判斷；或是像選項（2）只是純粹描述過去發生過的事情。但比對總結時，應該要將重點放在比對自己的回憶、自己過去的做法或觀念會是什麼？進而產生一個結論。

練習 2／練團：你跟弟弟周日早上都會一起去練團，但弟弟卻常假日早上爬不起來，有時候因為賴床、起床時間太晚就不去上課了，讓你覺得很生氣，繳了錢卻不去很浪費。而最近練習場地因為整修的關係，導致教室減少而調整了收費方式，從事前繳固定場地費用，改成當天有使用再付錢即可。

試著以「練團」事件，練習第二步「比對總結」的寫作方式吧！

「練團」六步模式／第二步範例答案：

1 反映現象：跟弟弟周日早上都會一起去練團，但因為場地整修，所以原本要繳固定費，改成有使用再付錢就可以了。

2 比對總結：OK　過去弟弟假日早上常爬不起來，有時太晚起就不去了，繳了費卻常沒上課。調整收費方式能讓花費更有價值。

NG　弟弟常常在假日早上爬不起來，浪費很多錢，現在變成有使用才要付錢真是太開心了。

三、第三步「產生感覺」寫作練習：

練習1／忘記訂位：公司要舉辦大型的活動發表會，這次的專案負責人是你跟小佳，因為事情很多、很忙，結果到了活動前一天，負責訂位的小佳才發現，她忘了跟會議中心預定場地……

六步模式

1、反映現象：小佳因為忘記向會議中心訂位，到活動前一天才發現沒有場地可用，於是她很慌張地來問我怎麼辦？

2、比對總結：過去自己也有忙到忘記過訂場地的事情，當時同事建議可以改到餐廳，後來當天的活動氣氛反而比以前在會議中心舉辦的時候更好。有時候壞事會變好事，因禍得福。

3、產生感覺：

（1）無奈。小佳竟然會忘記訂位。

（2）平靜。小佳也不是故意的，可能像我以前一樣太忙忘了。

（3）開心。小佳也不是故意的，可能像我以前一樣只是忘記了，或許有機會像當時的我一樣因禍得福。

4、做出決定：跟小佳一起聯繫適合辦發布會的餐廳。

5、產生行動：將手中的資料找出來，跟小佳分開確認對方的檔期，聯絡上三間餐廳可以配合，其中有一間是之前合作過的美式餐廳，當時合作愉快，所以立刻敲定了這一間。

6、TOTE 原則：滿意。

依照你對六步模式的理解，你覺得哪個選項描述比較符合「產生感覺」呢？為什麼呢？

建議選項：（3）

解析：在第三步中，很重要的是必須要透過比對之後，看帶給自己的感覺是喜、怒、哀、懼中的哪一種，然而選項（1）中的「無奈」和選項（2）的「平靜」都不是一種情緒，而是一種狀態，所以必須要再往內去多思索，造成無奈或平靜所反映的底層情緒是什麼？比如說因為生氣而不開心，所以導致無奈的反應，那麼底層感覺就有可能是怒，透過不斷抽絲剝繭才能覺察真實的情緒。

練習 2 ／外出開會：因為合作案的關係，所以公司必須要派人到○○飯店開會，每個月兩次，雖然有捷運可抵達，但是因為必須要換線，所以得在轉乘站搭很久的手扶梯、走很多路，讓你覺得很費力、費時……

試著以「外出開會」事件，練習第三步「產生感覺」的寫作方式吧！

「外出開會」六步模式／第三步範例答案：

1 反映現象：因為團隊工作任務重新分配，所以我必須要每個月兩次去○○飯店開會。

2 比對總結：過去總是因為覺得轉線很費時費力，所以逃避去開會，推給團隊中的其他人。逃避不能解決事情。

3 感覺：OK 生氣。覺得耗時又費力。NG 不耐煩。覺得耗時又費力。

四、第四步「做出決定」寫作練習：

練習／朋友邀約：單身的你很喜歡跟姐妹淘一同吃飯聚會，這次她們說想要去遠一點的縣市親子旅行，但你心裡對於要不要參加有點猶豫，因為朋友們都會帶上老公和小孩，只有你是一個人……

六步模式──

1、反映現象：上周朋友們討論要組親子旅行團，邀請我一起，這周又再次邀請。

2、比對總結：過去因為覺得自己只有一個人，而朋友都是一個家庭，和他們出遊總感覺格格不入，所以只參加姐妹聚，如果是親子團就會婉拒。人往往容易陷入自我糾結的情緒，旁人其實並不介意。

3、產生感覺：哀，自己顧慮太多。

4、做出決定：

（1）機會難得，大家是我好朋友跟他們的家眷，當然要一起同遊。

（2）有點想要去，又擔心玩不開心。

（3）這些人全是我好朋友和他們的家眷，應該可以一起去玩吧？

5、產生行動：馬上回覆朋友參加，請朋友幫忙加訂房間。

6、TOTE 原則：滿意。放下自己的介意，做想做的事就對。

依照你對六步模式的理解，你覺得哪個選項描述比較符合「做出決定」呢？為什麼呢？

建議選項：（1）

解析：從上述的例子中可以看到，選項（2）、（3）並沒有做出決定。在寫第四步時，必須要經過反思、覺知地做決定，當有了決定之後，大腦就會指揮身體做出一個行動，才會產生第五步，用來實踐第四步。

五、第五步「產生行動」寫作練習：

練習／逆向行駛：你好久沒有回到老家，趁著最近放長假，自行開車回家，結果在家裡附近的一條巷子左轉後，卻被交通警察攔下說你逆向行駛⋯⋯

六步模式──

1、反映現象：太久沒回老家，道路重新規劃後成了單行道，自己卻不知道而逆向行駛，遇到了交通警察。

2、比對總結：自己沒遇到過這種情況，但看到過很多朋友和交通警察發生口角之爭，最後不歡而散。爭執不會讓事情往好的方向走。

3、產生感覺：恐懼。覺得慘了，荷包要大失血了。

4、做出決定：好好和交警對話，告訴他自己的情況。

5、產生行動：

 (1) 說。

 (2) 冷靜而真誠地和交通警察對話。

 (3) 激動地要求交通警察放我一馬。

6、TOTE 原則：滿意。沒收到罰單，荷包不會失血了。

依照你對六步模式的理解，你覺得哪個選項描述比較符合「產生行動」呢？為什麼呢？

建議選項：（2）

解析：從上述練習可看見選項（3）和第四步是互相衝突的，而選項（1）則可更具體地寫用什麼方式或態度說，因為第五步是檢視自己是否知行合一的重要過程，所以決定後的行動要具體，透過具體行動來實踐的決定，以此檢視與第四步是否相符，藉由來回驗證才能得到第六步的結果。

六、第六步「TOTE 原則」寫作練習：

練習 1／分享關係動力學：你在關係動力學院上了一段時間的課，覺得對你很有幫助，因此約了人事主管想分享自己的經驗，希望能引進到公司培訓，改善職場關係……

六步模式

1、反映現象：今天上午約了人事主管分享自己參與關係動力學院課程的改變，及看見這門學問對公司的好處。

2、比對總結：之前自己很懶得去做這些事情，認為多一事不如少一事。一個人改變就會帶動系統改變。

3、產生感覺：喜悅。不試著去做，就永遠不會成功，是時候挑戰自我限制了。

4、做出決定：邀請人事主管交流，尋找可以合作的方式。

5、產生行動：從早上聊到晚上，人事主管從不理解到非常喜愛，極力同意我規畫相關課程計畫。

6、TOTE 原則：

（1）勉強成功。 （2）很棒。 （3）滿意。 （4）不是很好。

依照你對六步模式的理解，你覺得哪個選項描述比較符合「TOTE 原則」呢？為什麼呢？

建議選項：（2）或（3）

解析：第六步是一個建構「自我成就」的銘印過程，必須要是正向的結論，才能建構正向的新銘印，所以，寫的時候可以是選項（2）或（3）或是愉快、自在、成功等正向感受的語言，但你在檢核時，

認為這個行動是失敗的、不開心,或不滿意如選項(1)或(4)的時候,就要重來,直到你覺得並確定滿意為止,才能幫助自己找到成功的經驗。

練習 2 ／客戶來電:

你是一家保險公司的業務,經常面臨客戶突然有約,你為了業績都不好意思拒絕。然而,今天你跟孩子約好了要幫她慶生,卻接到了客戶來電……

試著以「客戶來電」事件,實際練習六步模式吧!

「客戶來電」六步模式ОK範例示範:

1 反映現象:今天客戶臨時打電話約晚上談業務,卻跟家人的約撞期。

2 比對總結:過去為了要提升業績,所以都不敢拒絕。人有時要有所取捨。

3 產生感覺:哀,自己常讓家人失望。

4 做出決定:以家人為重,勇敢拒絕。

5 產生行動:委婉且堅定地開口拒絕客戶,說明自己的為難狀況,並立刻表示明天可以去拜訪,不會讓他的權益受影響。

6 TOTE 原則:滿意。適時表達自己的感受,也獲得了客戶諒解。

練習 3 ／幫兒子洗澡：你有一個一歲的兒子，平時主要是妻子在帶，晚上回家時妻子會請你幫兒子洗澡、洗頭，可是你工作結束後很累，只想要放鬆，所以往往會拖到妻子忙完後都還沒幫兒子洗，最後妻子乾脆都自己去洗⋯⋯

試著以「幫兒子洗澡」事件，實際練習六步模式吧！

「幫兒子洗澡」六步模式ＯＫ範例示範：

1 反映現象：今天回家妻子讓我幫兒子洗澡。

2 比對總結：過去自己忙了一天不想動，都會裝死到最後妻子就會自己幫兒子洗。經常性裝死會影響夫妻關係。

3 產生感覺：哀。家是要一起經營的，自己很不應該。

4 做出決定：回應妻子。

5 產生行動：大聲回應妻子，並馬上帶孩子去洗澡、吹頭髮。

6TOTE 原則：滿意。妻子洗碗完後可以不用再忙小孩，兩人坐下來一起看電視聊天，感覺關係更親密。

練習 4 ／婚禮祝福：在國外留學過的你，認識了許多來自不同國家的好朋友，並在回國後還是保持了良好的友誼。而今天你要舉辦婚宴，原本以為在英國無法出席的好朋友，突然現身婚禮現場，讓你又驚又喜……

試著以「婚禮祝福」事件，實際練習六步模式吧！

「婚禮祝福」六步模式ＯＫ範例示範：

1 反映現象：今天是我的婚禮，遠在英國的好朋友突然現身婚禮現場。

2 比對總結：過去在我生日的時候，也曾經有朋友從國外跑來台灣幫我慶生。有朋自遠方來是人生四喜之一。

3 產生感覺：開心。原本以為朋友無法出席，她突然出現讓我非常開心。

4 做出決定：表達喜悅並跟她聊天。

5 產生行動：將捧花送給朋友，把婚禮的喜氣分享給她，並在換裝的空檔跟她聊天合影。

6 TOTE 原則：滿意。很開心收到祝福並能分享喜悅。

化解人生死結，是時候，和痛苦的關係困境，**說。再。見。**

開始，打造新關係

關係動力學院全新系列課程現正開課中！即日起報名享優惠！

★自我成長系列課程★

※以下課程內容，皆會配合現場學員狀況作客製化調整

運用獨門對話技巧，從不同關係癥結切入，幫助有關係困擾的人成為解決自己問題的專家。

自我關係探索營 三天兩夜外宿營，與深度自我對話，傾聽內在需求、面對情緒陰影，脫離困境。

課程特色

「**秉燭夜談**」覺察身體與情緒糾結根源，充電再出發。

「**閱讀空氣技巧**」氣聽法鍛鍊，感知自我、連結他人。

「**藝術療癒**」剖析自我困境，找出改變契機。

家庭關係練習營 運用獨門對話技巧，看懂家人行為背後的心意，開啟對話空間，享受天倫。

課程特色

「**新關係觀念**」破除錯誤框架，奠定家庭和諧根基！

「**科學邏輯思維**」獨創對話功法帶您理解家人語言，具體改善緊繃關係。

「**跨時空對話**」專業催化技巧，引領您換位思考、創建有品質對話。

職場關係訓練營 解剖職場關係眉角，幫助你擁有與人合作的共創智慧，工作與生活雙贏。

課程特色

「**職場定位術**」職場經營核心秘訣，創造自我新價值。

「**管理360度**」全方位對話相處技巧，化解上下關係與平行合作障礙。

「**沙盤推演新藍圖**」結合第二階序問題，深度解析、反思開創事業藍圖。

★進階班：陪伴賦能系列課程★

※需先上完「自我成長系列課程」，細節歡迎洽詢

協助你成為解決「他人」關係問題專家，傳授進階關係哲學、組織帶領與高階生態對話法，適合想學會解決團隊成員問題的人，如儲備幹部、中高階經理人、專案主管、小老闆、店長、老師等。

※凡報名以上任一課程即可獲得：

★**專人服務**★反思轉念方法教學及1個月課後練習批改服務！（價值1,200元）

★**反思慧問卡一套**★報名學員限定！只送不賣的獨家指引工具！（價值5,000元）

★**創辦人授課**★創辦人夏惠汶院士親自主講授課！機會難得！（價值∞）

★GX關係能量培養課程★

關係動力學院獨家研發，適合全年齡學習的關係能力專研課程，

透過專業講師培訓與體驗式教學，從活動主題中學會解開糾結人際的關係技巧，

首度推出**傾聽力×反思力**兩類工作坊，只要兩天，從此關係能力Up Up，人生即刻逆轉勝！

傾聽力專屬特色內容

「觀念DNA」全新核心觀念，打造新關係能量。

「感官之旅」全方位體驗學習，深度理解傾聽。

「邏輯層次練習」化解人際障礙的傾聽技巧。

反思力專屬特色內容

「六步反思」專業轉念方法，掌握理性思維。

「積木劇場」全方位體驗反思的重要。

「情緒大爆炸」結合團體智慧，學習反思力。

★企業專屬客製化課程★

「關係動力學」受到許多海內外企業集團引進，是跨時代企業經營秘訣，透過專業、創新、國際

化團隊，針對不同企業量身打造專屬課程，可幫從老闆到員工、員工到家人，一同建立快樂工

作團隊，共創幸福人生藍圖！

課程特色　**「專家設計」**夏院士領銜專業諮詢團隊，評估企業現有問題並設計有效解決方案。

「觀念定錨」透過關係動力學智慧從上到下破解舊有迷思，創造企業新價值。

「全方位對話技巧」化解上下關係與平行合作障礙，組織齊心合作共創新局。

「多元化體驗活動」配合企業文化設計體驗活動，學會深度解析與換位反思。

「專業諮詢服務」提供完善課前、課後輔導機制，協助企業重建關係。

「反思慧問卡」結合夏院士多年關係處理智慧研發之工具，實證可有效解決困境。

課程對象　**「大型團隊工作坊」**大團體課程，協助企業凝聚，營造向心力，找出改變契機。

「各職級深度課程」針對不同職級員工設計，協助不同階層或職務人員解決煩惱。

「眷屬關係課程」協助設計家庭關係課程，擴及員工家人，幫助員工生活圓滿。

※想了解更多關係動力學院課程方案及優惠，歡迎加入關係動力學院LINE@洽詢

或於上班時間(一～五08:30~7:00)來電02-2755-6939 ext.291 聯絡人黃馨瑩小姐

關係動力學院／關係工具書系列 001

邁向幸福人生的**六步魔法**

作者／夏惠汶

繪者／一百隻熊

內頁設計／一百隻熊

封面設計／孫靖

美術編輯／張家菁、孫靖

執行編輯／李謹廷

書系主編／楊瑟蓮

發行人／夏惠汶

出版發行／財團法人開平青年發展基金會

地址／ 106 臺北市大安區復興南路二段 137 號 11 樓

讀者服務／ (02)2755-6939 轉 291

印刷裝訂／一心彩色印刷有限公司

代理經銷／白象文化事業有限公司

地 址／ 401 臺中市東區和平街 228 巷 44 號

電話／ (04)2220-8589　傳真／ (04)2220-8505

（如有缺頁、破損，請寄回更換）

ISBN 978-986-86178-6-5(平裝)

定價／ 400 元

初版一刷／ 2019 年 2 月

邁向幸福人生的六步魔法 / 夏惠汶作 . -- 初版 . -- 臺北市 : 開平青年發展
基金會 , 2019.02　面；公分 . -- (關係工具書系列；1)
ISBN 978-986-86178-6-5(平裝)
1. 情緒管理 2. 思考 176.52 108000454

關係動力學院
GuanXiology